Anthology of French Song

A Collection of Thirty-Nine Songs with Piano Accompaniment
by French Composers as Collected and Edited by **MAX SPICKER**

FOR HIGH VOICE

English Translations by
HENRY G. CHAPMAN AND OTHERS

FRENCH AND ENGLISH TEXTS

ED.829

G. SCHIRMER, Inc.

DISTRIBUTED BY

HAL•LEONARD®
CORPORATION

7777 W. BLUEMOUND RD. P.O. BOX 13819 MILWAUKEE, WI 53213

Printed in the U. S. A.

TO THE BELOVED MEMORY OF

CHARLES GILIBERT

LYRIC ARTIST AND SINGER OF SONGS

WHOSE DELIGHTFUL INTERPRETATIONS
ARE AMONG THE MOST CHERISHED MUSICAL
RECOLLECTIONS OF THE PRESENT GENERA-
TION AND WHO WAS FOREMOST IN MAKING
KNOWN TO ENGLAND AND AMERICA THE
SONG TREASURES OF HIS NATIVE LAND

Index of Composers

Index of Titles

Index of First Lines

Index of First Lines (continued)

ANTHOLOGY
OF
FRENCH SONG

Beau Soir

(Paul Bourget)

Evening Fair

English version by
Henry G. Chapman

Claude Debussy

Voice

Piano

Andante, ma non troppo

pp

Piano

p

pp

Lorsque au so-leil cou - chant les ri - viè - res sont
When in the set-ting sun ev -'ry streamlet is

ro - ses, Et qu'un tiè - de fris - son court sur les champs de
gleam - ing, When a trem - u -lous glow spreads o'er the fields of

blé, _____ Un con-seil d'être heu-reux semble sor-tir des
grain, _____ A be-hest to be glad, that seems from all things

cho - ses Et mon - ter vers le cœur _ trou -
stream - ing, Doth a - rise to my heart _ in

blé. Un con - seil de goû - ter le char - me d'être au
pain. A be - hest to ex - plore the ut - most joy of

poco rit. *a tempo* *p*

mon - de, Ce - pen - dant qu'on est jeune et que le soir est
be - ing, In this day of my youth, the while the eve - ning's

animando poco a poco e cresc.

beau,⎯ Car nous nous en al - lons,
fair;⎯ For we shall all de - part,

com - me s'en va cette on - de...
as goes yon wa - ter flee - ing:

Elle à la
That to the

mer,⎯
sea,⎯

nous au tom -
but we⎯ ah,

beau.⎯
where?⎯

Mandoline

(Paul Verlaine)

English version by
Henry G. Chapman

Mandolin

Claude Debussy

Et c'est l'é - ter - nèl Cli - tan - - - - - - - - dre,
Now ev - er - last - ing Cli - tan - - - - - - der,

Et c'est Da - mis qui pour main - te Cru - el - le fait__ maint vers ten - dre.__
Now Da - mis 'tis, who wastes On some cru - el she his vers - es ten - der.__

Leurs cour - tes ves - tes de soie, Leurs lon - gues
Their silk - en jack - ets and short, Dresses with

ro - bes à__ queu - es, Leur é - lé - gan - ce, leur joi - e Et
trains of am - ple mea - sure, Their joy, their grace - ful de - port - ment, Their

leurs mol - les om - bres___ bleu - - es,
shad - ows of melt - ing___ a - - zure:

Tour - bil - lon - nent dans l'ex - ta - se D'u - ne lu - ne rose et gri - se,
How they whirl in ec - sta-sy yon - der Where the rose-gray moon-light's ly - ing;

Et la man-do - li - ne ja - se Par-mi les fris-sons de bri - -
While man-do - lins whin-ing-ly maun - der, Trem-u - lous breez-es are sigh - -

- - - - se.
- - - - ing. La, la, la, la, la,

La Chevelure

Her Hair

From "Trois Chansons de Bilitis"
by Pierre Louys

English version by
Henry G. Chapman

Claude Debussy

noir au - tour de ma nuque et sur ma poi-tri - - -
veil a - round my neck and o - ver my bo - - -

- ne. Je les ca - res - sais, et c'étaient les miens;
- - som. I ca - ressed thy hair, for it was mine own,

et nous é - tions li - és pour tou-jours ain-si,
and by it we to-geth-er were bound for aye,

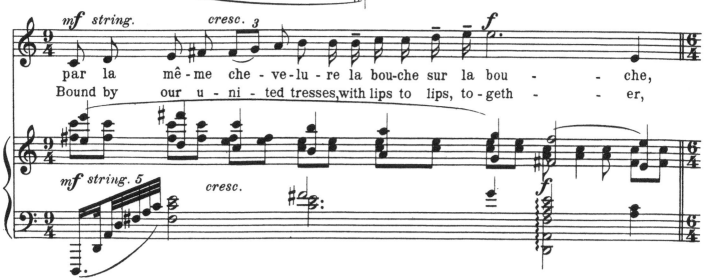

par la mê - me che - ve - lu - re la bou-che sur la bou - - che,
Bound by our u - ni - ted tresses, with lips to lips, to-geth - - er,

Tempo I

ain-si que deux lau-riers n'ont sou - vent qu'u-ne ra-ci - ne.
as oft two lau-rel-trees have one root a-lone be-tween them.

poco a poco accel. e cresc.

Et peu a peu, il m'a sem-blé, tant nos membres é -
And, more and more, it seem'd to me, that our be-ing so

taient con-fon-dus, que je de-ve-nais toi-mê - - me,
merged in-to one, that at last I came to be thee,

ou que tu en-trais en moi com-me mon son - ge.
or that thou hadst like a dream en-tered my spir - - it.

Romance

(Paul Bourget)

English version by
M. Louise Baum

Claude Debussy

L'âme é - va - po - rée et souf -
Ev - a - nes-cent breath of the

fran - te, L'â - me dou - ce, l'âme o - do - ran - te Des lis di - vins
lil - y, Ten-der fan - cies, O fra-grant spir - it of heav'n-ly lays,

— que j'ai cueil-lis Dans le jar - din de ta pen - sée,
—Which I in-hal'd 'mid gar-den-ways Of thy dear soul;

Où donc les vents l'ont-ils chassée Cette âme a - do - ra-ble des lis?
Where is it fled on wings of air, Thy soul lil - y-pure, and so fair?

Lied Maritime

A Sea-Song

English version by
Henry G. Chapman

Vincent d'Indy. Op. **43**

yeux sont clos,___ et mon cœur est tran - quil - le com - -
eyes, are closed___ And my heart is all peace - ful like

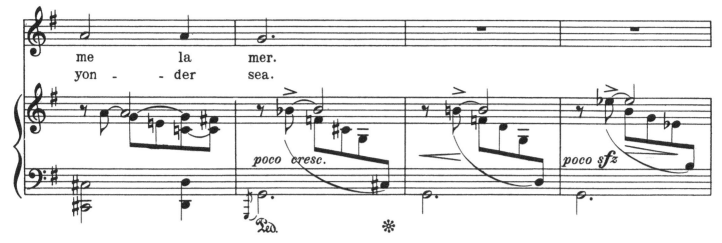

me la mer.
yon - der sea.

poco cresc.

poco sfz

Più animato (♩ = 112)

pp

p

più f

Au loin, sur la mer, l'o -
A - far on the deep a

rage est le - vé,_____ et la mer s'é - meut et bouil-
storm is a - broad,_____ And the wild seas sa - -vagely

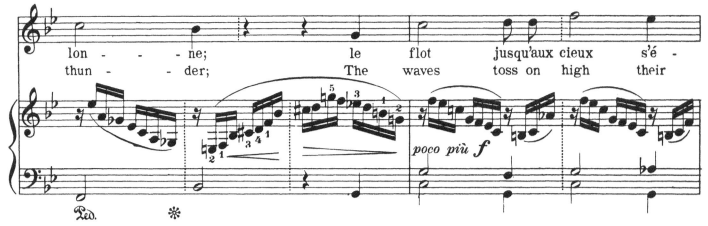

lon - - ne; le flot jusqu'aux cieux s'é -
thun - - der; The waves toss on high their

poco più f

ri - ge su - perbe,_____ et croule en hur - lant__vers les a -
foam to the sky,_____ And reel - ing and roar - ing fall a -

Un poco meno animato (♩=104)

molto riten.

bî - - mes. Tes yeux, tes traî - tres
sun - - der. Your eyes, your treach'rous

molto riten.

cresc.

yeux si doux___ me re-gar - dent___ jusqu'au fond de l'â - me, et mon
eyes so soft___ Look me thro', search - ing my ver-y soul, And my

cœur tor-tu-ré,___ mon cœur bien-heu-reux s'e -
heart in de-spair,___ my heart in de-light, Leaps

xalte et se bri - se com - me la mer!
high and falls brok - en, like yon - der sea!

L'heureux Vagabond

(Catulle Mendès)

The Gay Vagabond

English version by
Henry G. Chapman

Alfred Bruneau

Un pau-vre sur le che - min, li - re - lin, un pauvre hom - me,
A beg-gar sat by the way, tra-la-lay, Poor old man;

m'a de - man - dé mon pain blanc, li - re - lan. «Pau - vre, prends
Give me, said he, your white roll, fol - de - rol. "Poor fel - low,

tou - te la mi - che! J'ai dans mon cœur fleu - ri (chan - te, ros - si - gnol,
here is the whole! For in my heart is May, (Sing, O night - in - gale,

chan - te si je ris!) j'ai dans mon cœur jo - li, li - re - li, ma mi - e!»
sing a joy-ful lay!) I've in my heart so gay, tra-la-lay, My Dear - ie!"

Un vo - leur sur le che - min, li - re - lin, dans ma po - che
Now a thief came on the way, tra - la - lay, From my pock - et

m'a vo - lé mes trois é - cus, li - re - lu. «Vo - leur, prends la
he did steal my ha' - pence three, tra - la - lee. "Hey, thief! take the

poche aus - si! J'ai dans mon cœur fleu - ri, (chan - te, ros - si - gnol,
pock - et too! For in my heart is May, (Sing, O night - in - gale,

chan - te si je ris!) j'ai dans mon cœur jo - li, li - re - li, ma mi - e!»
Sing a joy - ous lay!) I've in my heart so gay, tra - la - lay, My Dear - ie!"

Je m'en vais mou - rir de faim, li - re - lin, dans la plai - ne.
So of hun - ger I must die, high-ho, high, On the high - way.

Plus de pain blanc ni d'é - cus, li - re - lu. Mais qu'im - por - te
Gone my white roll, ha' - pence too, tra - la - lu. But what mat - ter,

si, tou - jours j'ai dans mon cœur pleu - rant, (chan - te, ros - si - gnol,
if I still, For all my heart's dis - may, (Sing, O night - in - gale,

chante en sou - pi - rant!) j'ai dans mon cœur mou - rant, li - re - lan, ma mi - e!
sing a mournful lay!) Have till my dy - ing day, tra - la - lay, My Dear - ie!

Les Berceaux
The Cradles

SULLY PRUDHOMME
English version by M. Louise Baum
Edited by H. Clough-Leighter

GABRIEL FAURÉ. Op.23,Nº1

Que la main des fem - mes ba - lan - - ce. _____
Sway'd to sound of moth - er - ly sing - - ing. _____

cresc. poco a poco

Mais vien - dra le jour des a-dieux,
Ah! the days of part - ing must come,

cresc. poco a poco

Car il faut que le fem - mes pleu - - rent,
Wo - man's heart was but made for break - - ing.

cresc. molto

Et que les hom - - mes cu - ri - eux
Man must a - far fol - low his star,

cresc. molto

Ten - tent les ho - ri - zons qui leur
Yon blue ho - ri - zon must be mak

rent! _____ Et ce jour-là ____ les
ing! _____ Then, as the ves sels

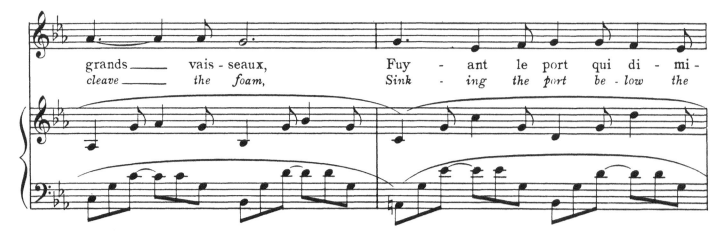

grands _____ vais - seaux, Fuy - ant le port qui di - mi -
cleave _____ the foam, Sink - ing the port be - low the

nu - e, Sen - tent leur mas -
o - - cean, In - flu ence fond,

se — re - te - nu — e
stay - ing their mo - tion,

Par
Flows

l'â — me des loin - tains — ber - ceaux,
forth from the — cra - dles at home,

Par
Flows

l'â — me des loin - tains — ber -
forth — from the cra - dles at

ceaux. —
home. —

rall. e dim.

L'invitation au voyage
(Ch. Baudelaire)
Invitation to the Journey

English version by
Henry G. Chapman

Henri Duparc

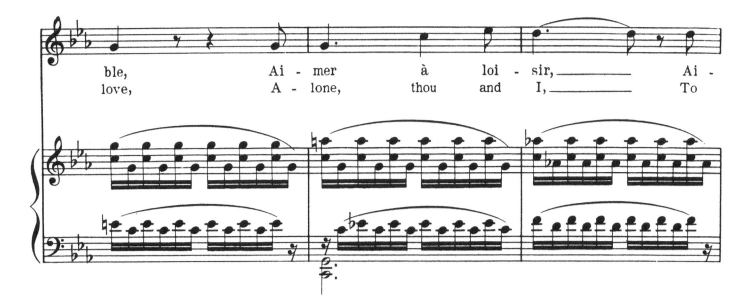

ble,   Ai - mer   à   loi - sir,_____   Ai -
love,   A - lone,   thou and I,_____   To

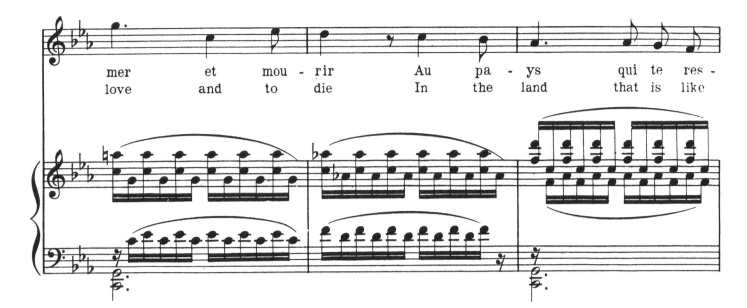

mer   et mou - rir   Au   pa - ys   qui te res -
love   and to die   In   the land   that is like

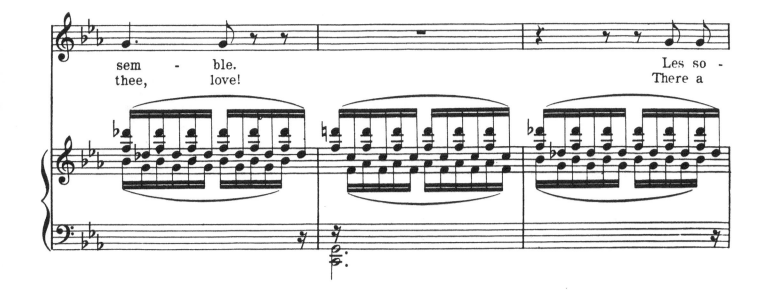

sem - ble.   Les so -
thee,   love!   There a

leils _____ mouil - lés　De ces　ciels _____ brouil -
mist - y sun　Thro' the　haze _____ shines

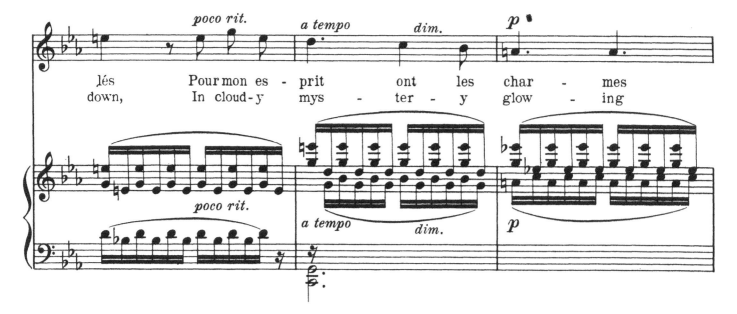

lés　Pour mon es - prit　ont　les　char - mes
down,　In cloud-y　mys - ter - y　glow - ing

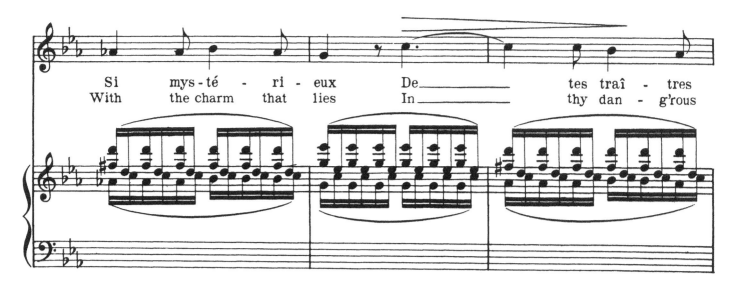

Si　mys - té - ri - eux　De _____ tes traî - tres
With　the charm that lies　In _____ thy dan - g'rous

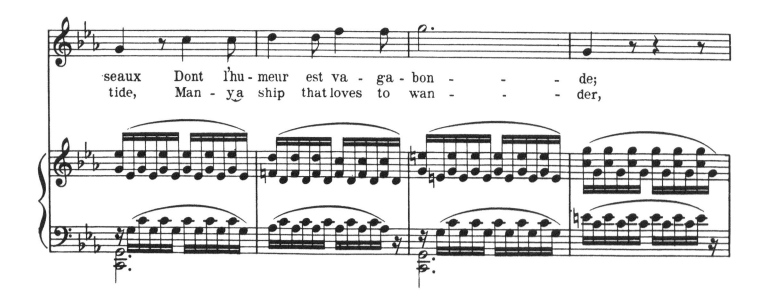

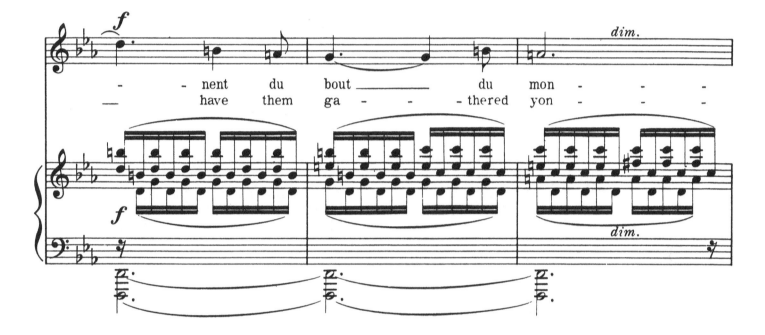

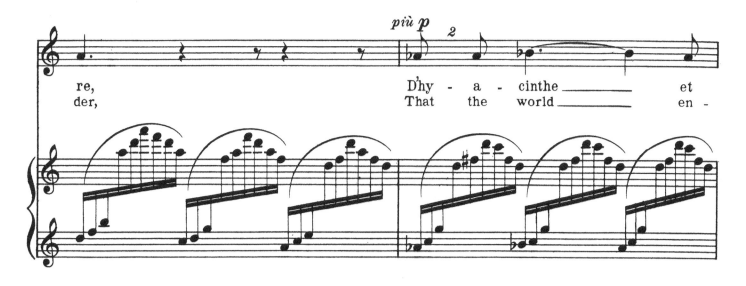

re, | D'hy - a - cinthe ____ et
der, | That the world ____ en -

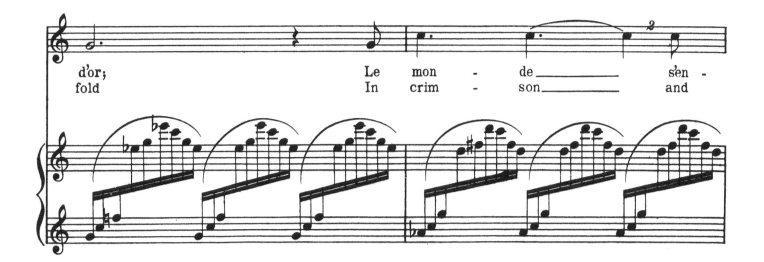

d'or; | Le mon - de ____ s'en -
fold | In crim - son ____ and

dort | Dans u - ne chau - de lu -
gold | With warm and lu - min - ous

miè - - - - - re!
splen - - - - - dor.

poco   a   poco   dim.

dim. - - - molto

pp

Là
There

tout   n'est   qu'ordre _____
all   is   beau - -

pp   *cantabile*

mf

- et   beau - - té,
- ty   and   truth,

Chanson Triste

(Jean Lahor)

A Song of Sorrow

English version by
M. Louise Baum

Henri Duparc

Dans ton cœur dort un clair de lu - ne, Un doux
Moon - light full - ness thy heart il - lum - -ing, Such as

clair de lu - - ne dé - té,_____
floods the fair sum - mer night,_____

Et pour fuir_____ la vie im - portu - -ne
Ah! to flee_____ life's vain im - portun - ing,

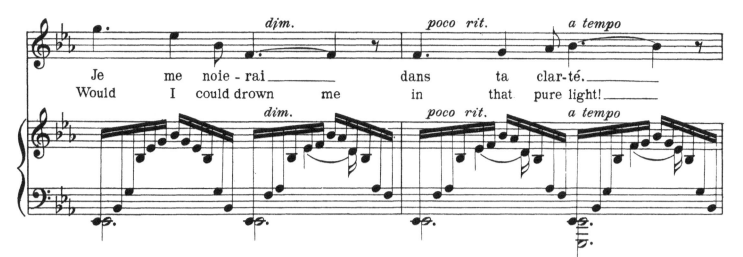

Je me noie - rai _____ dans ta clar-té. _____
Would I could drown me in that pure light! _____

J'ou - blie-rai les douleurs pas-sé - - es, Mon amour,
My despair- could I long - er fear it, O my love,

quand tu ber - ce-ras Mon tris - te cœur et mes pen-sé - - es
when are cra - dled free from harms My wear - y heart and spir - - it

Dans   le   calme   ai - mant_____
Yearns   for   sweet   re - pose_____

—   de   tes   bras!_____
—   in   thine arms?_____

Tu prendras ma tê - - te ma -
Thou wilt lay my head,   dull with

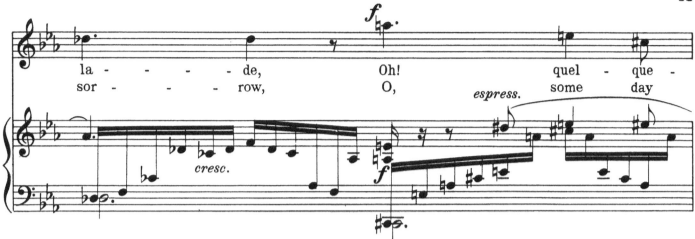

la - - - de,   Oh!   quel - que -
sor - - - row,   O,   some   day

fois   sur   tes   ge - noux,_____
soon   up - on   thy   knee,_____

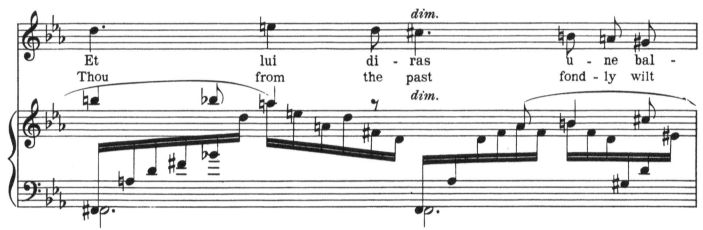

Et   lui   di - ras   u - ne   bal -
Thou   from   the   past   fond - ly   wilt

la - - - - de,
bor - - - row

pleins de tris - tes - - ses, Dans tes yeux a - lors je boi -
sweet in their sad - ness, From thy lov - ing eyes my tired

rai Tant de bai - sers et de tendres - ses,
soul Draughts so di - vine shall drink of glad - ness,

Que peut - ê - tre je gué - ri - rai...
I perchance again shall be whole.

A Lucette

(16th Century)

To Lucette

Poem by
Henry Gauthier - Villars

English version by
Henry G. Chapman

G. Pierné

D'un grand mal j'ay l'â-me do-len-te, J'er-re sans con-
Sick my heart and sore-ly in dan-ger, Reft_ of end_ or

seil ni des-sein, Brus-lé par u-ne fiè-vre len-te
aim I_ stray, A- fire with_ a low-burn-ing fe-ver

Qui faist la figue au mé-de-cin. Las! d'a-mour la
That doth the doc-tor e'en_ dis-may. Ah, by love's un-

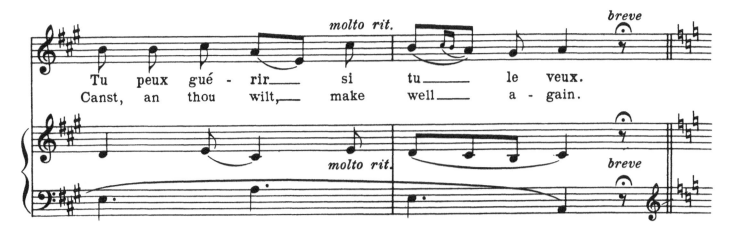

Tempo I

pp una corda

p ... *mf*

Et Frè - re Jean l'a dit au pros - ne: Il n'est qu'un lâdre et
And Fa - ther John has preached full of - ten, He were a hea - then

p sostenuto ... *mf*

tre corde

qu'un pa - yen, Ce - luy qui re - fuse une au - mos - ne,
knave, in - deed, Who would not give alms to his neigh - bour,

pp e poco rit.

Quand pi - toy - able est le pro - chain. A - donc,____ ou -
See - ing that neigh - bour sore in need. Er - go:____ give

p e poco rit.

ïs cet - te re - ques - te Et vers moi vi - re tes doux
ear to my pe - ti - tion, Turn thine eyes___ up - on me

poco rit. *a tempo* *pp mezza voce*

yeux... Car tu me peux seu - - le,ô___ Lu - cet - te, Bail -
here! For thou a - lone, ah,___ my___ Lu - cet - te, Canst

poco rit. *pp a tempo*

ler___ l'au - mos - ne que___ je veux,___ Car tu me peux seu -
grant the alms___ that I___ re - quire,___ For thou a - lone, ah,___

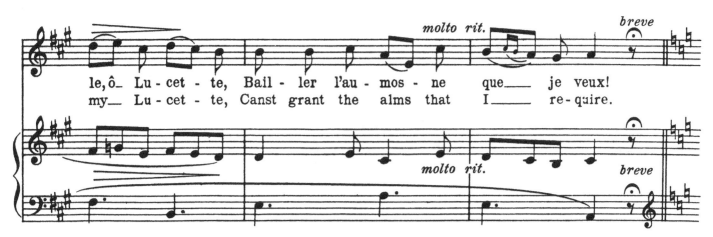

molto rit. *breve*

le,ô___ Lu - cet - te, Bail - ler l'au - mos - ne que___ je veux!
my___ Lu - cet - te, Canst grant the alms that I___ re - quire.

molto rit. *breve*

Tempo I

pp una corda

p

Cet en - nuy qui tant me cha - gri - ne, Ce mal_ qui tant me
This dis - tress by which I am shak - en, These pains_ I now so

p tre corde

fait_ souf - frir, Pris sur - ta lè - vre pur - pu - ri - ne
long_ en - dure, Naught, save_ sweet kiss - es to be tak - en

poco rit.   breve   a tempo

Un_ bai - ser le sçau - rait gué - rir. Ou de des - pit je
From_ thy ros - y lips,_ can cure. Or for des - pite I'll

poco rit.   breve   a tempo

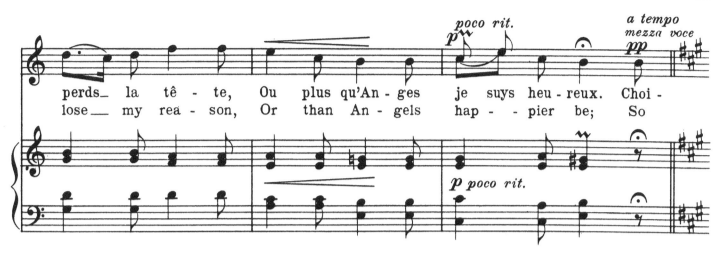

perds_ la tê - te, Ou plus qu'An - ges je suys heu - reux. Choi -
lose_ my rea - son, Or than An - gels hap - - pier be; So

sis_ et m'ou - vre,ô ma_ Lu - cet - te, Le Ciel,_ l'En - fer,_ ce
choose, and give_ me, my_ Lu - cet - te, Or heav'n or hell,_ as

que_ tu veux, Choi - sis_ et m'ou - vre,ô ma_ Lu - cet - te,
pleas - eth thee, So choose, and give_ me, my_ Lu - cet - te,

Le Ciel, l'En - fer,_ ce que___ tu veux.___
Heav - en or hell,_ as pleas - eth thee.___

Première Danse
(Jacques Normand)
The First Dance

English version by
Henry G. Chapman

J. Massenet

El - le va, vient, en sau-tant Tou - jours a - vec grâ - ce,
Light - ly springs the lit - tle dame, Than a bird a - lert - er;

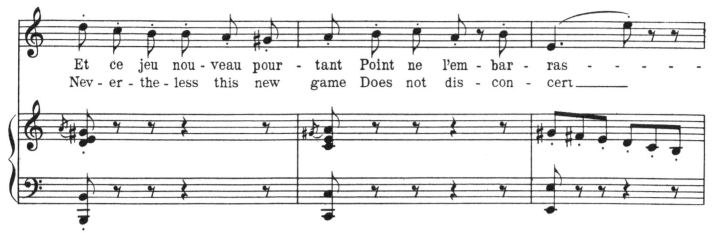

Et ce jeu nou - veau pour - tant Point ne l'em - bar - ras - - - -
Nev - er - the - less this new game Does not dis - con - cert____

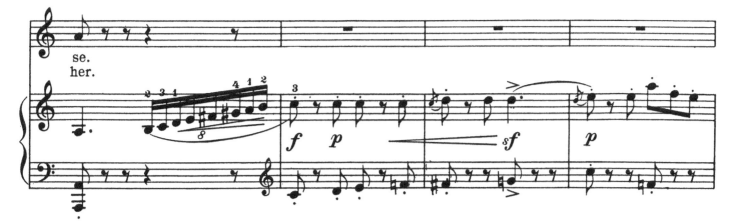

se.
her.

Son pied sur le clair par-quet Glisse ou se dé -
On the shin - ing floor her feet Twin - kle thro' their

ro - be, Et son pe - tit doigt co - quet___ Re - lè - ve sa
pac - es, With co - quet - tish fin - gers fleet___ She rais - es her

ro - be.   Cinq
dress - es.   Just

ans! et pas de le - çons! Mais c'est ru - sé, da - me!
five! And les - sons had none! But all the wiles, hey - day!

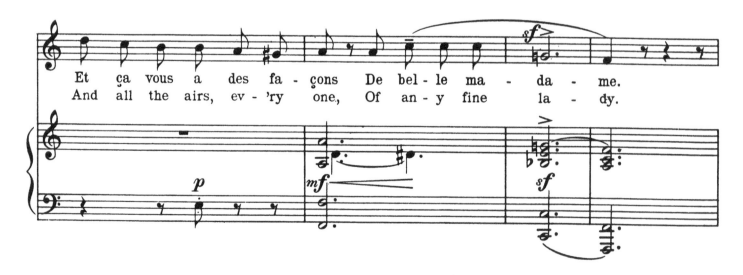

Et ça vous a des fa - çons De bel - le ma - da - me.
And all the airs, ev - 'ry one, Of an - y fine la - dy.

Tempo I, con brio

son - ne!»
bout me!

Et ce pe - tit rien de rien,
And this ti - ny mite, this chit,

Veut, du fond de l'â - me,
Wants, at heart, each new man

Que cha - cun «la trou - ve bien!!»
Whom she meets to think her sweet!

Lento

Ô fil - let - te! ô fem - - - -
Oh, wee maid - en! Oh, wo - - - -

Tempo I, animato

me!...
man!

Albaÿdé

(Victor Hugo)

English version by
G. J. S. White

Ch. M. Widor

dans la tombe a fer - mé   ses beaux yeux de ga - zel - le.

has in death closed those eyes   that ga - zelle - like did glis - ten.

Car Elle a - vait quinze ans,   un sou - rire in - ge - nu,   et m'ai - mait   sans mé -

But fif - teen years was she,   with the smile of a child,   and her love   nev - er

To Madame Melba

Chère Nuit

(Eugène Adenis)

Dearest Night

English version by
George L. Osgood

Molto tranquillo (without dragging)
quietly, sweetly and with expression

ALFRED BACHELET.

ons   ja - loux...   J'en - tends   chan -
rays   he goes.   I   hear   the

ter   l'â - me des cho -   ses   Et
song   Na - ture is   sing -   - ing,   Zeph -

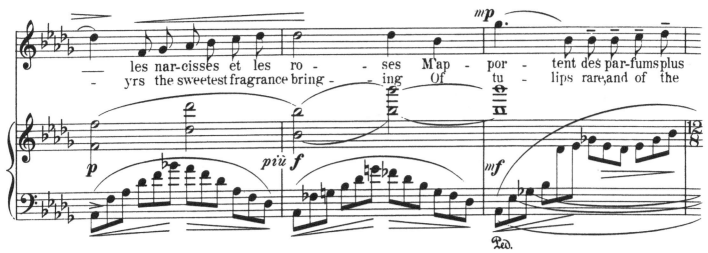

les nar-cisses et les ro -   ses M'ap - por - tent des par-fums plus
- yrs the sweetest fragrance bring -   - ing Of   tu - lips rare, and of the

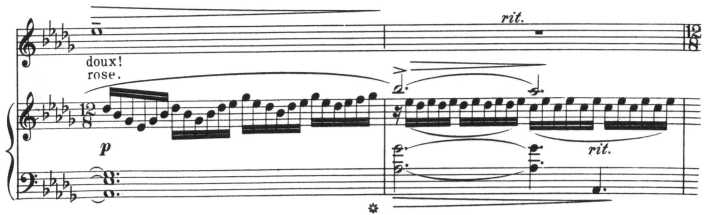

doux!
rose.

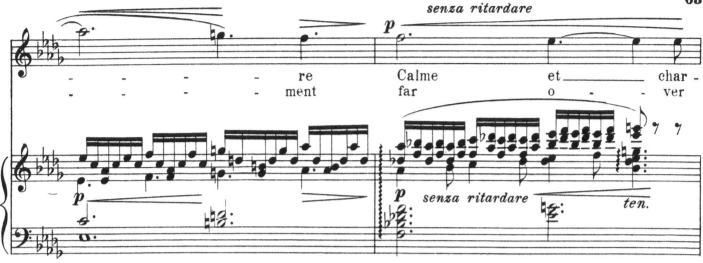

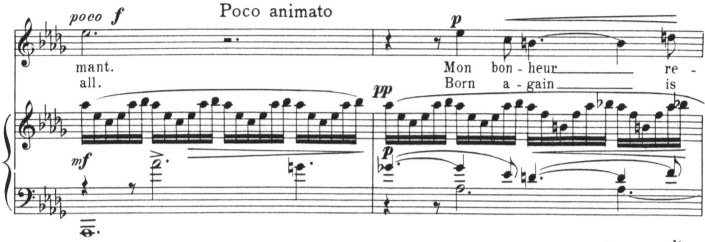

toi!_____ Ah!_ lè - ve - toi!
night!_____ Ah!_ love-ly night!

Pour faire en-co - re Bril-ler l'au-
charming, myste - rious! Art thou now

ro - - re De mes a - mours!_____
come_____ to hal - low my love?_____

Tempo I *(tranquillo)*

Chè - - re nuit_____ aux clar - tés_____ se - rei - - nes,
Dear - - est night_____ of tran - scen - - dent glo - - ry,

Toi qui ra - mè - - nes Le ten - dre a-mant,
Thou who the ten - - der lov - er dost call,

Vieille Chanson
"In the Woods"·
(Old Song)

English version by
Henry G. Chapman

Georges Bizet

don ___ que j'au-rai fait ___ Que de bai - sers, ___ que de bai
prize ___ as rare as this is, What lots of kiss - es, what lots of

sers! ___ Si ma Lu - cet - te, si ma Lu - cet - te
kiss - es! For if my dar - ling al - ways will pay ___

M'en don - ne deux pour un bou - quet, ___ J'en au - rai dix, ___ j'en au - rai
Two kiss - es just for a bou - quet, ___ I shall have ten, ___ I shall have

dix, ah! _____ J'en au - rai dix pour la fau -
ten, ah! _____ I shall have ten for you, my

vet - - te.
star - - ling!

La fau - vet - - te dans le val -
Now the star - - ling down in the

lon ___ A lais - sé son a - mi fi - dè - le, Et tant
dell ___ Had her - self left a faith - ful lov - er, And she

fait, tant fait, tant fait, que de sa pri -
strove so hard, so hard, that it soon be -

son El - le___ s'é - chappe à - ti - re___ d'ai - - - le.
fell, She did___ her lib - er - ty___ re - cov - - - er.

Ah! dit le ber - ger dé - so - lé,_____ A - dieu les bai-sers de Lu -
Ah! cried the shepherd in dis - may,_____ Good - bye to kiss-es from my

cet - te! Tout mon bon - heur___ s'est en - vo - lé___ Sur___ les
dar - ling! Now all my luck___ has flown a - way___ On___ your

ai - les___ de la fau - vet - te! Myr -
wings,___ you wretch - ed star - ling! Once

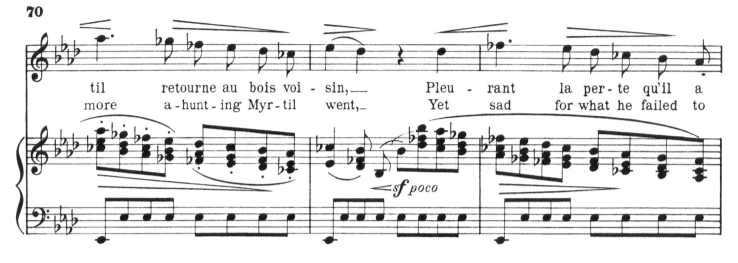

til retourne au bois voi - sin,_____ Pleu - rant la per - te qu'il a
more a - hunt - ing Myr - til went,_____ Yet sad for what he failed to

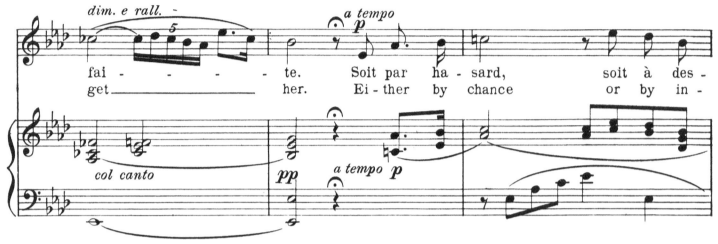

fai -   - te. Soit par ha - sard, soit à des -
get_____ her. Ei - ther by chance or by in -

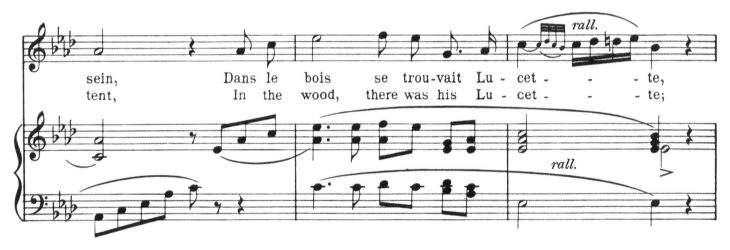

sein, Dans le bois se trou - vait Lu - cet - - te,
tent, In the wood, there was his Lu - cet - - te;

Et sen - si - ble à ce ga - ge de foi,_____
And so, when she saw how true was the lad,_____

El - le sor-tit de sa re - traite En lui di - sant:___ Con-so-le-
She showed her-self and cried: My dar-ling, Myr-til, she cried,___ Be not so

toi,___ Con-so - le - toi, Myr-til,___ con-so - le-toi. Ah!___
sad,___ be not so sad, Myr-til,___ be not so sad! Ah!

___ Tu n'as per - du que la fau - vet - - te!
___ There's no - thing lost ex - cept the star - - ling!

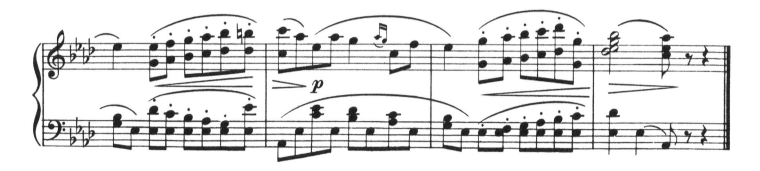

Les Papillons

(Théophile Gautier)

Butterflies

English version by
M. Louise Baum

Ernest Chausson

blancs,   quand pour - rai - je   Pren - dre le
bright,   I would fol - low   Breez - y blue

poco rit.   *a tempo*

bleu che - min _____   de   l'air! _____
high - ways there, _____   like   ye! _____

poco rit.   *a tempo*
               pp

Sa - vez - vous,   ô bel - le des bel ____
Dost thou know,   O thou my be - lov ____

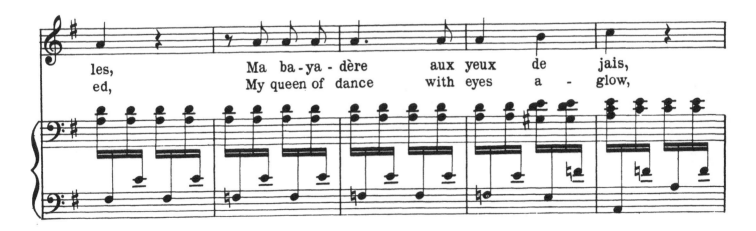

les,   Ma ba - ya - dère   aux yeux   de   jais,
ed,   My queen of dance   with eyes   a - glow,

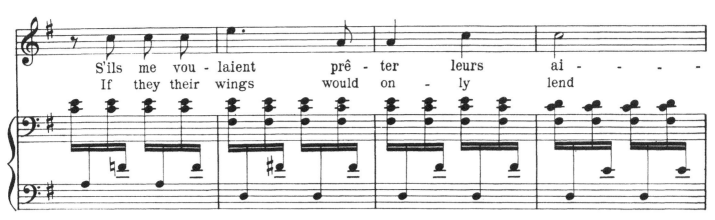

S'ils me vou - laient prê - ter leurs ai -
If they their wings would on - ly lend

les, Di - - - tes, sa - vez - vous
me, With - - - er I would flee,

où j'i - rais? Sans prendre un
dost thou know? With not a

seul bai - ser aux ro - - ses, A tra - vers val -
kiss to spare the ros - - es, O - ver vale and

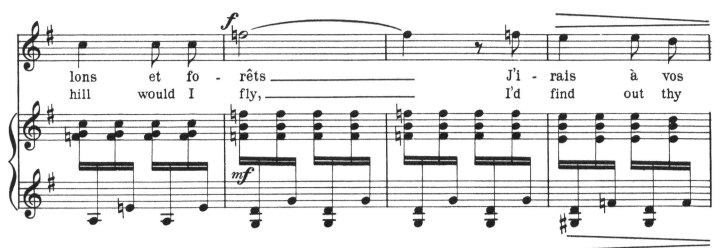

lons et fo - rêts _____ J'i - rais à vos
hill would I fly, _____ I'd find out thy

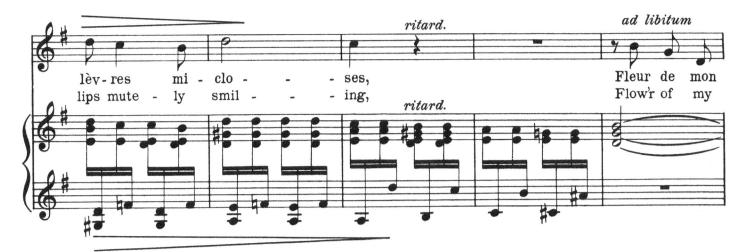

lèv-res mi - clo - - -ses, Fleur de mon
lips mute - ly smil - - ing, Flow'r of my

â - me, et j'y mour-rais.
soul, ___ and there I'd die.

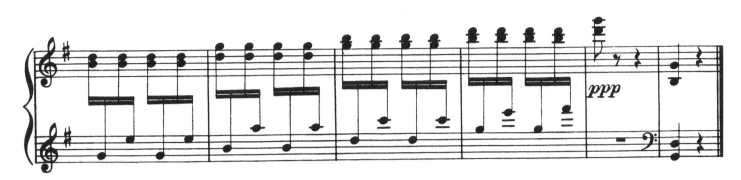

Haï luli

Sad and lonely

Ballade

English version by
Jane Kerley

Arthur Coquard

Je suis tris - te, je m'in-qui - è - te, Je ne sais plus que de - ve-
Sad and lone - ly, I yearn to greet him, How this will end I can-not

nir! Mon bon a - mi_ de-vait ve - nir, Et je l'at-tends i - ci seu - let - te.
say, He should have come to me_ to - day, I wait in vain, in vain, to meet him.

foi ___ Au - près d'u - ne nou-velle a - man - te!
me ___ And to a new - er love is hast - ing.

Ha - ï lu - li! Ha - ï lu - li! Ha - ï lu - li!
O heav'n a-bove! O heav'n a-bove! O heav'n a-bove!

Au - rais - je per - du, ___ per - du mon a - mi? ___
Can I ___ then have lost, ___ have lost him I love? ___

Ah! s'il est vrai, s'il est vrai qu'il soit vo -
If it is true, if 'tis true, I am for-

Bonjour, Suzon!

(Alfred de Musset)

Good-Morning, Sue!

English version by
Dr. Th. Baker

Léo Delibes

Bon - jour, Su -
Good-morn-ing,

zon, ma fleur des bois!_____ Es tu tou -
Sue, my fleur-de - lis!_____ And are you

jours la plus jo - li - - e? Je re - viens
still the pret - tiest maid_____ here? I'm home a -

tel que tu me vois,_____ D'un grand voy - age en I - ta -
gain, as you may see,_____ From It - a - ly and far a -

li - e. Du pa - ra - dis j'ai fait le tour,_____
way,_____ dear! I've trav-ell'd Par - a - dise all through,_____

J'ai fait des vers, j'ai fait l'a - mour,_____
I have made love and vers - es, too,_____

un poco riten.

J'ai fait des vers, j'ai fait l'a - mour.
I have made love, and vers - es, too!

Mais que t'im -
But why should

por - te, mais que t'im - por - te? Je pas - se
you care? but why should you care? I'm pass - ing

de - vant ta mai - son, je pas - se de - vant ta mai - son,
by your door to - day, I'm pass - ing by your door to - day,

Ou - vre ta por - te, ou - vre ta por - te!
So let me in, I pray, so let me in, I pray!

Bon - jour, Su - zon! bon - jour, Su - zon!
Good - morn - ing, Sue! Good - morn - ing, Sue!

Je t'ai vue au temps des li - las, _____ Ton cœur joy-
In li - lac - time I saw you last; _____ Your mer - ry

eux ve - nait d'é - clo - - re, Et tu di - sais, je ne veux
heart was just a - wak - - ing, And then you told me, "Not so

pas, _____ Je ne veux pas qu'on m'ai-me en - co - - re.
fast, _____ You can - not have me for the tak - - ing!"

Qu'as - tu fait de - puis mon dé - part?_____
What have you done while I was gone?_____

Qui part trop tôt re - vient trop tard,_____
He comes too late, who leaves too soon!_____

un poco riten.

Qui part trop tôt re - vient trop tard!
He comes too late, who leaves too soon!

Mais que m'im -
But why should

a tempo

por - - te, mais que m'im - por - - te?
I care? but why should I care?

Je pas - se
I'm pass - ing

un poco riten.

a tempo

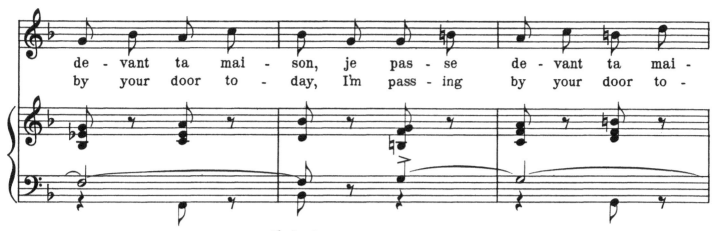

de - vant ta mai - son, je pas - se de - vant ta mai -
by your door to - day, I'm pass - ing by your door to -

più lento
pp

son; Ou - vre ta por - te, ou - vre ta
day, So let me in, I pray, so let me

pp colla voce

f a tempo

por - te!_____ Bon - jour, Su - zon! bon - jour, Su -
in, I pray!_____ Good - morn - ing, Sue! Good - morn - ing,

mf a tempo

zon!
Sue!

f

Après un Rêve

(From the Tuscan, by Romain Bussine)

After a Dream

English version by
Henry G. Chapman

Gabriel **Fauré**

Tu ray - on - nais comme un ciel___ é - clai - ré par l'au -
All ra - diant thou as the sky___ at Au - ro - ra's ap -

ro - - re; Tu m'ap - pe -
pear - - ing. Thou call - edst

lais___ et je quit - tais la ter - re Pour m'en - fuir a - vec
me!___ and to me it was giv - en To de - part from this

toi vers la lu - miè - - - - - re;
earth with thee to heav - - - - - en;

Les cieux_ pour_ nous_ en-tr'ou-vraient leurs nu - es, Splen - -
Then heav'n_ to_ us_ did se-crets sur-ren - der, Un - -

cresc. poco a poco

deurs_____ in - con - nu - es, Lu - eurs di - vi - nes en - tre -
dream'd_____ of_ in splen - dor, Glimps - es of glo - ry, deep_ and

cresc. poco a poco

vu - es. Hé - las! Hé - las, tris - te ré - veil_ des
ten - der. A - las! a - las! Sad 'tis to wake from

son - - - - ges, Je t'ap-pel - - le, ô
dream - - - - ing! Ah, re - turn, O

nuit,_____ rends-moi tes men - son - - - - ges, Re -
night,__ give me back__ thy seem - - - - ing! Re -

viens, re - viens ra - di - eu - - - - - -
turn, re - turn in thy splen - - - - - -

se, Re - viens, ô nuit mys - té - ri -
dor! Re - turn, O night, thou mys - t'ry

eu - - - - - - - - se!
ten - - - - - - - - der!

Le Chärme

The Charm

Armand Silvestre:
«Chanson des heures»

English version by
Henry G. Chapman

Ernest Chausson.
Op. 2, Nº 2

Mais ce que se-rait cet é-moi, Je ne pus d'a-bord en ré-
What this sud-den pas-sion might be; 'Twas be-yond my pow'r to de-

pon-dre. Ce qui me vain-quit à ja-mais, Ce
fine me. But the charm that made me your slave Is

fut un plus dou-lou-reux char-me; Et je n'ai su que je t'ai-
one that grief holds in its keep-ing: I did not know 'twas love I

mais, Qu'en voy-ant ta pre-miè-re lar-me.
gave, Till that day when I found you weep-ing.

Le Mariage des Roses

(Eugène David)

The Marriage of the Roses

English version by
Henry G. Chapman

César Franck

gnon - ne, sais - tu com - ment S'é - pou - sent les ro - - ses? Ah!
love, oh, know'st thou not how The ros - es are mar - - ried? Oh!

cet hy - men est char - mant,＿＿＿＿＿ cet hy - men est char -
it is charm-ing, I vow,＿＿＿＿＿ it is charm-ing, I

mant!＿＿ Quel - les ten - dres cho - ses El - les
vow:＿＿ Sweet - est scents are car - ried When the

di - sent en ou - vrant＿＿ Leurs pau - piè - - res
eye - lids o - pen now＿＿ That in sleep＿＿ had

clo - ses! Mi - gnon - ne, sais - tu com - ment S'é - pou - sent les
tar - ried. My love, and know'st thou not how The ros - es are

poco rall.

ro - - ses? / mar - - ried?

El - les di - sent: ai - mons - nous!___ Si courte est la
Say the ros - es: "Let us love!___ The mo - ments are

vi - e! Ay - ons les bai - sers plus doux,___ L'â - me plus ra -
fly - ing; Let us by our kiss - es prove___ That love is un -

vi - e! Pen - dant que l'homme à ge - noux___ Doute, es - père ou pri - e!
dy - ing, While with prayers the world to move___ Men are vain - ly try - ing.

Ô mes sœurs, em - bras - sons - nous!___ Si courte est la vi - e!
Come, ye sis - ters, let us love!___ The mo - ments are fly - ing!"

Crois -
All

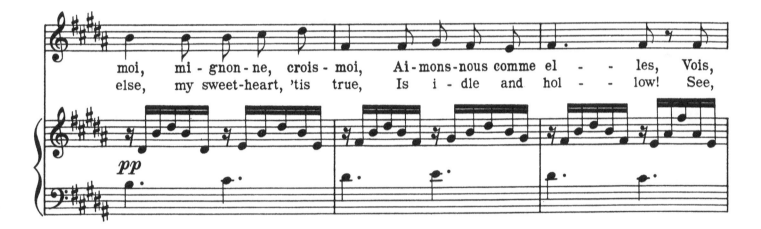

moi, mi-gnon-ne, crois-moi, Ai-mons-nous comme el - - les, Vois,
else, my sweet-heart, 'tis true, Is i-dle and hol - - low! See,

le prin-temps vient à toi,_____ Le prin-temps vient à
spring is com-ing to you,_____ spring is com-ing to

toi,_____ Et des hi - ron - del - - les; Ai - mer
you,_____ With the spring the swal - - low. 'Tis the

est l'u - ni - que loi_____ A leurs nids_____ fi -
law of love they knew,_____ 'Tis the law_____ they

cresc.

dè - - les. Ô ma rei - ne, suis ton
fol - - low. O my Queen, all else, 'tis

cresc. .

poco rit.

roi, Ai - mons - nous comme el - - - les.
true, Is i - dle and hol - - - low.

poco rit.

Ex - cep - té d'a - voir ai - mé,____ Qu'est-il donc sur ter - re?
For, if love be put to flight,____ Is this life worth liv - ing?

Notre ho - ri - zon est fer - mé,____ Om - bre, nuit, mys - te - re!
Then the world would be but night;____ Dim shad - ows and griev - ing!

Un seul phare est al - lu - mé,____ L'a - mour nous l'é - clai - re.
Love a - lone's a bea - con - light,____ Its rays ev - er giv - ing;

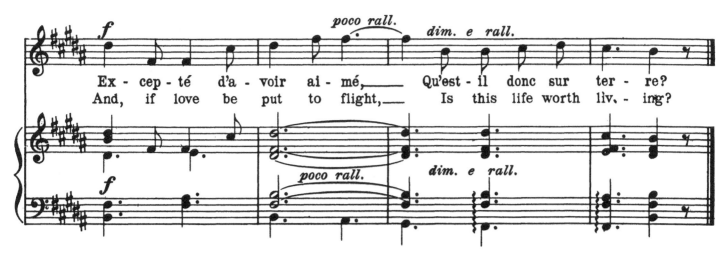

Ex - cep - té d'a - voir ai - mé,____ Qu'est-il donc sur ter - re?
And, if love be put to flight,____ Is this life worth liv - ing?

Brises d'autrefois
(Henry Gauthier-Villars)

Breezes of Other Days

English version by
Henry G. Chapman

Georges Hüe

Les é - tof - fes au mur ten - du - es S'al - lu - ment au so - leil cou -
Silk - en cur - tains rich - ly fall - ing Re - flect the sunlight's fad - ing

chant; Et ta voix douce est comme un chant Plein
glow; Sweet as a song thy voice, and low, Brings

taient les bri - ses er - ran - tes Sur ces li -
breez - es blew from old bow - ers A - cross thy

las _____ et ces _____ jas - mins.
hair, _____ and brought _____ to me.

Les Roses d'Ispahan

(Leconte de Lisle)

The Rose of Ispahan

English version by
Henry G. Chapman

Gabriel Fauré

Les ro - ses d'Is - pa - han dans leur gaî - ne de
The rose of Is - pa - han in its cra - dle of

mous - se, Les jas - mins de Mos-soul, les fleurs de l'o - ran - ger,
moss - es, The jas - min of Mos-soul, the or - ange-blos - som wreath,

Ont un par-fum moins frais, ont u - ne o-deur moins dou - ce,
They have a sweet less sweet, less grateful is their fra - grance,

Ô blan - che Le - ï - lah! que ton souf - fle lé - ger.
Oh, fair - est Le - i - la! than thy lips' light - est breath.

Ta lè - vre est de co -
Thy lips are cor - al -

rail et ton ri - re lé - ger
red, and thy laugh - ter is light,

Son - ne mieux que l'eau vi -
Run - ning wa - ter it seems,

- ve et d'u - ne voix plus dou - - ce,
___ yet is the sound far sweet - - er;

Il n'est plus de par - fum dans le pâ - le o - ran - ger,
All the fra - grance is gone from the or - ange - buds bright,

Ni de cé - les - te a - rome aux ro - ses dans leur mous - -
All the per - fume of heav'n has left the moss - y ros - -

se.
es.
Oh!
Ah!

que ton jeu - ne a - mour, ce pa - pil - lon lé - ger, Re -
let thy sweet young love, a but - ter - fly, a - light, Here

Nell

(Leconte de Lisle)

English version by
M. Louise Baum

Gabriel Fauré. Op. 18, № 1

pe do - ré - - e: mon cœur à ta rose est pa -
o'er and o'er,_____ Thine ar - - dor it knows, thou June

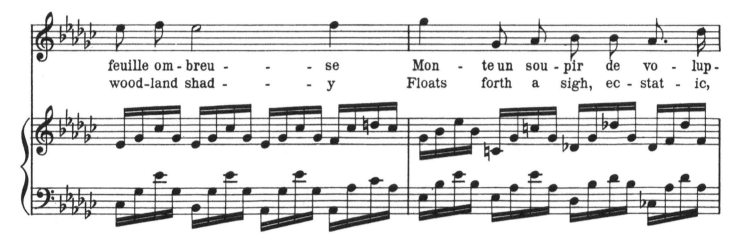

reil._____ Sous le mol a - bri de la
rose!_____ From the arch - ing green of the

feuille om - breu - - - se Mon - te un sou - pir de vo - lup -
wood-land shad - - - y Floats forth a sigh, ec - stat - ic,

té:_____ Plus__ d'un ra - mier chante au bois
sweet,_____ Ev - 'ry bough a - long doth ech - o

bien plus dou - - - - ce est la clar - té vi - - - ve Qui ray -
sweet and clear is the shin - ing here,_____ In my

cresc.

on - ne en mon cœur,_____ en mon cœur char -
love - light - ed heart,_____ in my heart,__ O,_____

poco cresc.

f

mé!_____
June!_____

mf   *pp*

dolce

La chan - tan - te mer, le long du ri - va - ge, tai -
For thy sing - ing sea where white beach - es be_____ Shall

dolciss.

ra son mur-mu-re é-ter-nel,_____ A - vant
song - less and si -lent be sleep - -ing Ere I

qu'en mon cœur, chè-re a - mour, ô Nell, ne fleu -
cease to tell how I love my Nell, For my

ris - se plus ton i - ma - ge! ne fleu-ris - se plus ton i -
heart is aye in her keep - -ing! For my heart is aye in her

ma - - - - ge!
keep - - - -ing!

Rencontre
(Charles Grandmougin)

A Meeting

English version by
M. Louise Baum

Gabriel Fauré. Op. 21, Nº 1

J'é-tais triste et pen-sif quand je t'ai ren-con-tré-e: Je sens moins, au-jourd'-hui, mon obs-ti-né tour-ment. Ô dis-moi, se-rais-tu la femme i-nes-pé-

I was sad and op-press'd this morn-ing, when I met thee, But now I can for-get my tor-ment and my pain; Ah! could I in my sky Hope's star for ev-er

ré - - - - e Et le rêve i - dé - al pour-sui
set _____ thee, The i - de - al made real— ah! so

vi - vai - ne - ment? O passante aux doux
long sought in vain! O pass - er, sweet of

yeux, se - rais-tu donc l'a - mi - e Qui ren-drait le bon-
face, wouldst thou but be my sol - ace, A friend to car - ry

heur au po - ète i - so - lé, Et vas - tu ray - on -
peace to the po - et a - part! Ah! wilt thou shine for

ner sur mon âme af - fer - mi - e, Com-me le ciel na -
me, il - lume my spir - it's pris - on, As shines his na - tive

tal _____ sur un cœur d'ex - i - lé?
sky _____ on the ex - ile's sad heart?

Ta tris-tes - se sau-vage, à la mien - ne pa - reil - - le, Aime à
Thy un-tam'd, rest-less soul, of my own the true sis - - ter, Loves to

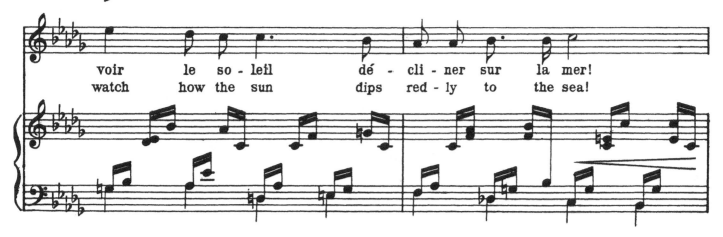

voir le so - leil dé - cli - ner sur la mer!
watch how the sun dips red - ly to the sea!

De - vant l'im - men - si - té ton ex - ta - se s'é -
In awe be - fore the deep, thou to rap - ture art

veil - - le, Et le char - me des soirs à ta belle
wak - - en'd, And the twi - light's pure glow, sweet soul, is

dolce

âme est cher. U - ne mys - té - ri -
dear to thee! — A mys - ter - y di -

pp

euse et dou - ce sym - pa - thi - - e Dé - jà m'en - chaîne à
vine, a sym - pa - thy un - ut - ter'd, Al - read - y links my

toi   comme un vi - vant li - en,   Et mon â - me fré -
heart   to thine with liv - ing spell;   My soul is all a -

poco a poco

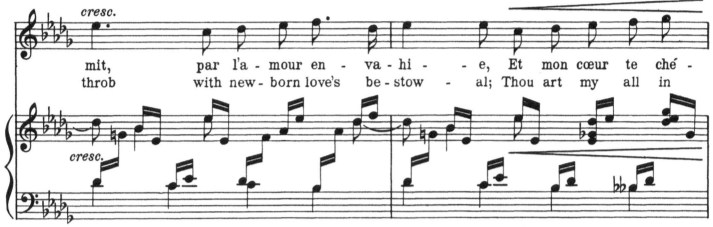

mit,   par l'a - mour en - va - hi -   e, Et mon cœur te ché -
throb   with new - born love's be - stow - al; Thou art my all in

cresc.

rit _____ sans te con - naî - - - - tre
all, _____ ere I have known _____ thee

f

bien. _____
well: _____

p   *pp*

L'Esclave
(Théophile Gautier)
The Bondmaid

English version by
Dr. Th. Baker

ÉDOUARD LALO

Et par la fe - nê - tre gril - lé - - e
And, thro'__ the bars of ' my win - - dow,

Je re - gar - de l'oi - seau joy - eux fen - dant les cieux!__
see a - far__ the hap - py bird that cleaves the air!__

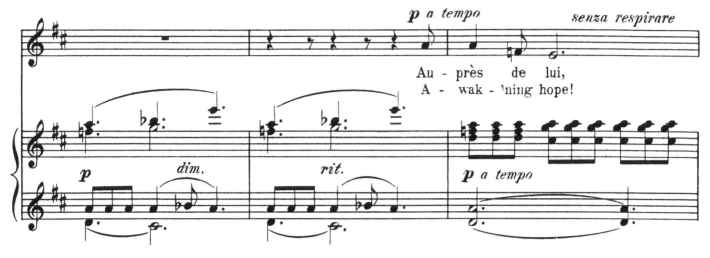

Au - près de lui,
A - wak - 'ning hope!

belle es - pé - ran - ce, Por - te - moi__ sur tes
joy - ful - ly bear me un - to him,__ on thy

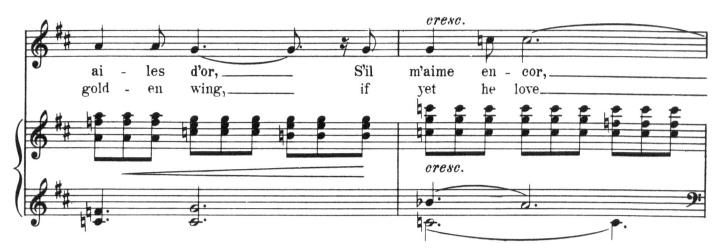

ai - les d'or, _____ S'il m'aime en - cor, _____

gold - en wing, _____ if yet he love _____

S'il m'aime en - cor!

me, _____ if yet he love me! _____

Et pour en-dor-mir ma souf - fran - ce, Sus - pens mon à - me

And, wilt thou al - lay my love - an - guish, then lay my spir - it

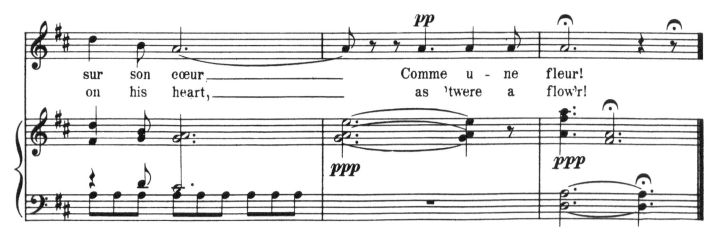

sur son cœur _____ Comme u - ne fleur!

on his heart, _____ as 'twere a flow'r!

Soir
(Albert Samain)

English version by
Henry G. Chapman

Evening

Gabriel Fauré. Op. 74, Nº 2

Voi - ci que les jar-
The gar - dens of the

dins de la nuit vont fleu - rir. Les li - gnes, les cou-leurs,— les
night soon will bloom in the sky, All col - ors, ev-'ry shape— and

sons—— de-vien-nent va - gues; Vois! le der-nier ray-on a-go-nise à tes
form,—— are grow-ing dim´ - mer; See! the ex-pir-ing rays on thy rings faintly

ba - gues:—— Ma sœur, en-tends-tu pas—— quel-que cho - se mou-
glim - mer. My sis - ter, dost not hear—— e - ven now some-thing

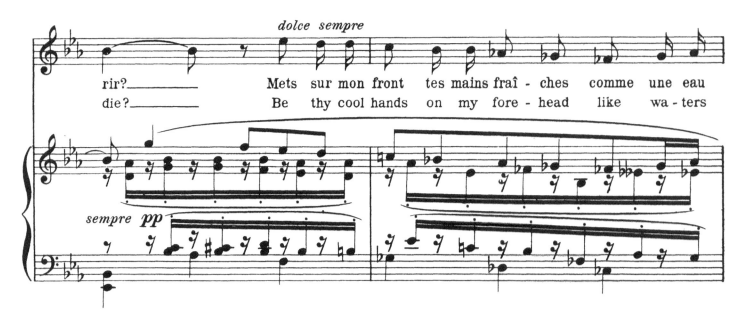

dolce sempre

rir?_____ Mets sur mon front tes mains fraî - ches comme une eau

die?_____ Be thy cool hands on my fore - head like wa - ters

sempre **pp**

pu - re, Mets sur mes yeux tes mains dou - ces com - me des

chil - ly, Thy gen - tle hands on my eye - lids soft as a

cresc.

fleurs,_____ Et que mon âme où vit le goût se - cret des

flow'r,_____ And thou my soul, that loves to live in sor - row's

cresc.

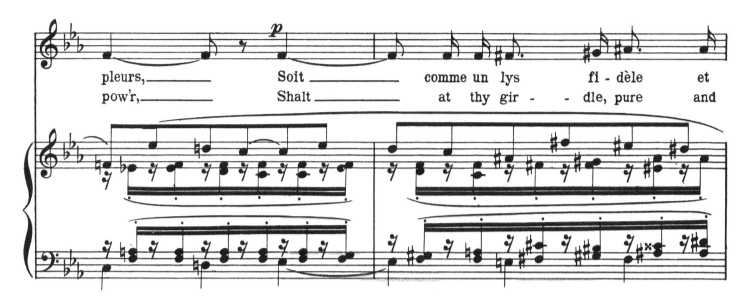

pleurs, _____ Soit _____ comme un lys fi - dèle et
pow'r, _____ Shalt _____ at thy gir - dle, pure and

pâle à ta cein - tu - - re! _____
true, wear like a lil - - y!

C'est la pi - tié qui pose ain - si son doigt sur
'Tis sym-pa-thy that thus on us its hand has

poco a poco cresc.

nous,____ Et tout ce que la terre a de sou-pirs qui mon - tent, Il
laid,____ And ev-'ry hu-man sigh that from the earth a - ris - es I

poco a poco cresc.

sem - ble,qu'à mon cœur en-i-vré, le ra - con - tent Tes
fan - - cy that my pas - sionate heart sur - pris - es In thine

sempre f

yeux le-vés au ciel,____ si tris - - tes____
eyes up-raised to heav'n,____ so gen - - tle____

p *pp*

____ et si doux!____
____ and so sad.____

La Chanson de l'Alouette

(V. de Laprade)

The Lark's Song

English version by
Henry G. Chapman

Édouard Lalo

Je suis, je suis le cri de joi - - e Qui
'Tis I, 'tis I that am de the cry_____ Of

sort des prés_____ à leur ré - veil;_____
joy that springs_____ from fields a - wake;_____

Et c'est moi que la terre en - voi - - e Of-
Yes, 'tis I who from earth do hie,_____ Good-

*frir____ le sa - lut au so - leil!____
mor - row____ to the sun____ to take!____

Je pars____ des
I leave____ the

chau - mes blancs de bru - me, A mes pieds____ flotte un fil d'ar-
meads of mist - y heath - er, From my foot____ floats a sil - v'ry

gent, La ro - sée____ em - pour - pre ma plu - me Et je la
thread, While the dew____ is bright on each feath - er, And this I

una corda

voix_____ est sans no - te plain - ti - ve, Je ne dis rien au
voice_____ has no ech - o of sor - row, Ne'er of the eve - ning

tris - te soir, Je suis la chan - son folle et vi - ve De la jeu-
sad I sing; For I am the song of to - mor - row, Youth, hope and

nesse et de l'es - poir!_____ Je suis la chan - son_____
love in ev - 'ry - thing!_____ For I am the song of to-

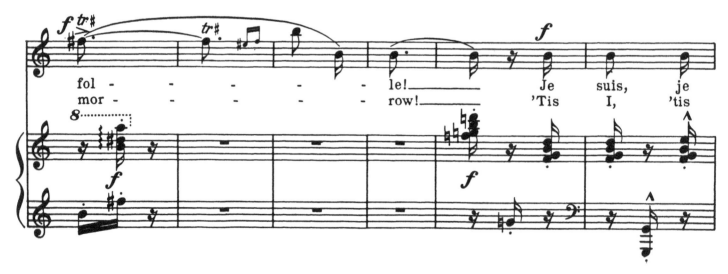

fol - - - - le!_____ Je suis, je
mor - - - - row!_____ 'Tis I, 'tis

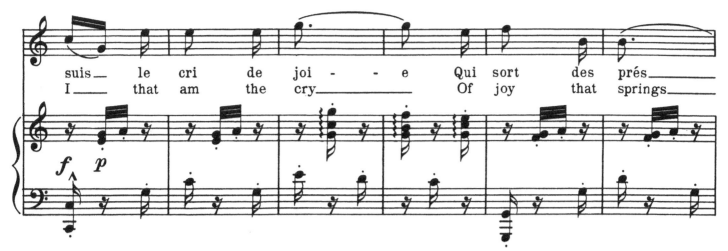

suis — le cri de joi - - e Qui sort des prés_____
I ____ that am the cry_____ Of joy that springs____

____ à leur ré - veil;_____ Et c'est moi
____ from fields a - wake;_____ Yes, 'tis I

que la terre en - voi - - e Of - frir_____ le sa -
who from earth do hie,_____ Good-mor - row___ to the

lut au so - leil!_____
sun____ to take!_____

Sur une Tombe
On a Tomb

English version by
Henry G. Chapman

Guillaume Lekeu

Le Nil
(Armand Renaud)
The Nile

English version by
Henry G. Chapman

Xavier Leroux

Les eaux du Nil, _____ tou-tes pâ-les, s'é-
The Nile's pale wa- ters are si-lent-ly

cou- lent _____
creep- ing _____

Sous les é- toi- les de la
Un- der the star- lit sky a-

je se-coue Mes che-veux d'or ____ sur ses ge - noux. ____
down and throw My gold-en hair ____ o -ver his knee. ____

Et les grands sphinx, dans la plai - ne in - fi -
Then the great Sphynx - - es _ on vague, ____ end - less

nie, ____ Nous ____ re-gar-dant pas - ser ____ pres d'eux,
plains, ____ Watch - ing us slow - ly pass - ing through,

Con - fu - sé - ment ____ ver - sent une har-mo -
Mys - te - rious-ly ____ pour ____ har - mo - nious

Le Roitelet

(A. Theuriet)

The Wren

English version by
Henry G. Chapman

E. Paladilhe

Ra - pi - de comme un rê - ve, Vif comme un feu fol-
As swift as pass-ing fan - cy, As Jack - o'-lan-tern

let, Tu vol - ti - ges sans trê - ve___ Du chêne au ser-po-
fey, Thou dost flit with-out rest - ing___ From bough to bough al-

Sous la bran - che qui pous - se Comme un vert man - te - let,
'Neath the branch - es o'er-hang - ing Like a green man-tle gay,

Ton nid, ber - ceau de mous - se, Fuit l'œil du tier - ce - let.____
Thy nest, a moss-y cra - dle, From mink's eye hides a - way.____

C'est là qu'est ton roy - au - me, L'o - deur des pins l'em - bau - me,
Here is thy realm con - tent - ed, By breath of pine-trees scent - ed,

Roi - te - let,____ Roi - te - let!____
Lit - tle_ king,____ Roi - te - let!____

C'est là   qu'est ta ni - ché - e,
Here is   thy   hid-den cor - ner!

p *f*   *molto dim.*   *pp sempre stacc.*

f   *p*

Dix œufs blancs com-me lait,   Ta pon-deu - se ca-ché - e__
Here thy mate - let did lay   Ten wee eggs   of the whit - est,__

sfz   *pp*

p

Ped.   *

sfz

__ Les cou - ve,   et ton fi - let De voix joy - eux   et frê - le
__ And here__   thy voice so gay In mer - ry notes   a - swell - ing,

8..........

sfz

Ped.   *

Dit par - tout la nou - vel - le,   Roi te -
Joy - ful ti - dings is tell - ing,   Lit - tle

let,_____ Roi - te - let!_____
wren!_____ Roi - te - let!_____

Même en hi -
In win - ter

ver en - co - re   L'arbre en-tend ton sif - flet,   Ta huppe   à
e'en thy twit - ter   Do we hear 'midst the snow,   Thy ruf - fled

crête au - ro - re____ y laisse un chaud re - flet,____   Et les bois
crest doth glit - ter,____ And shed a rud - dy glow,____   And the woods,

blancs de gi - vre   Par toi seul   sem-blent vi - vre,   Roi - te -
white and lone - ly,   Seem a - live   thro' thee on - ly,   Lit - tle__

let,_____ Roi - te - let!_____
wren!_____ Roi - te - let!_____

Les trois Prières

(Emm. des Essarts)

Three Prayers

English version by
Henry G. Chapman

E. Paladilhe

A l'heu - re où notre es -
When - e'er__ my pride of

prit moins fier__ S'in - cli - ne comme un Roi pro - phè - te, Je
spir - it yields,__ Then, like a king for mer - cy su - ing, I

Et   comme en u - ne cou - pe d'eau Se
As   one may see a wilt - ed flow'r In

pen - che   la fleur ra - ni - mé - - e,   Je
wa - ter - vase its life re - cov - - er,   In -

mets mon cœur dans   un Cre - do,   Pour que tu sois la plus ai-
to this creed I   put my heart: That I a - lone am thy true

a piacere

mé - e.
lov - er.

Psyché

(Pierre Corneille)

English version by
Henry G. Chapman

E. Paladilhe

Je suis ja - loux, Psy-ché,
Ah, Psy-che, vex'd am I,

de tou-te la na-tu - re! Les ray-ons du so - leil_____ vous
all na-ture is so zeal - ous! Now the kiss of the sun_____ too

bai - sent trop sou - vent,   Vos che-veux souf-frent trop les ca - res-ses du
of - ten finds your cheek,   In your hair now the winds __ play hide __ and

vent.   Quand il les flat - te, j'en mur - mu - - re!   L'air
seek.   Of such de - vo - tion I am jeal - ous!   The

mê - - me que vous res - pi - rez __ A-vec trop de plai - sir   pas-se sur vo-tre
air   you breathe makes far too free, Stray-ing o - ver your lips   more warm-ly than jo -

bou - - che. Votre ha - bit   de trop près   vous tou - che!   Votre ha -
cose - ly;   And your gown clasps your breast   too close - ly!   and your

La Solitaire

(Armand Renaud)

From the "Mélodies Persanes"

English version by
Henry G. Chapman

In Solitude

C. Saint-Saëns

Ô   fier_ jeune homme, ô_ tu -
Ah,   haugh - ty_. youth, O_ thou_

eur_ de ga - zel - les,   Ca - va - lier pâle_ au re - gard de ve - lours,_
slay - er of wild deer,   Thou horse-man pale,_ of the dark, ten-der eye,_

Sur ton_ che - val dont_ les_ pieds_ ont des ai - les
I would_ that_ thou on_ thy_ wing - foot - ed charg - er

Em - por - te - moi vers le ciel_ des a - mours.
Wouldst bear me up to love's heav'n_ on_ high.

J'ai bien_ sou - vent, la nuit,_ sur ma ter - ras - se,
Oft have_ I_ in the night,_ all lone - ly sit - ting,

Ver - sé des pleurs en te ten - dant_ les bras._
Shed man - y a tear, and stretched my arms_ to thee;_

Sté - rile ef - fort! C'est l'om - bre que j'em-
But all in vain! I caught at shad - ows

bras - se,_____ Et mes_____ san - glots,____ tu ne les
flit - ting,_____ Thou heard'st____ no sob,_____ my tears thou

en - tends pas._____
didst not see._____

cresc.

dim.

leil.
hair.

Mais en - fer - mée_____
But pris - on'd here,_____

et cou - ver - te de voi - - les,
in a pal - ace re - pin - - ing,

Dans un pa -
I lan - guish

lais, je meurs loin du vrai bien.
far I from all hold most dear.

Pour - quoi des fleurs,_____
Why bloom the flow'rs?_____

et pour - quoi des é - toi - - les,
why are stars yon - der shin - - ing,

Si mon cœur bat et si tu
While beats my heart and thou dost

n'en sais rien?
nev - er hear?

cresc.

f

f

Mon bien - ai - mé, ter - ri - bles sont tes ar - mes,
Ah, dear my love, thine arms in - deed are might - y,

mf

Ton long fu- sil, ta lan- ce, ton poi- gnard, Et plus_ que tout, tes yeux_
Thy gun so long, thy poi- gnard and thy lance, But, worst of_ all, thine eyes_

__ aux som- bres char_ mes, Per- çant un cœur a- vec un seul re-
__ of dark- some beau - ty, That pierce the heart with but one sin- gle

gard._____ Ô fier_ jeune homme, ô_ tu-
glance._____ Oh, haugh- ty_ youth, oh_ thou

eur_ de ga- zel - les, A leur des- tin mon
slay - er of wild_ deer, Like theirs my fate, me

sort est res - sem - blant._____ Sur ton che -
al - so dost thou slay!_____ And well thou

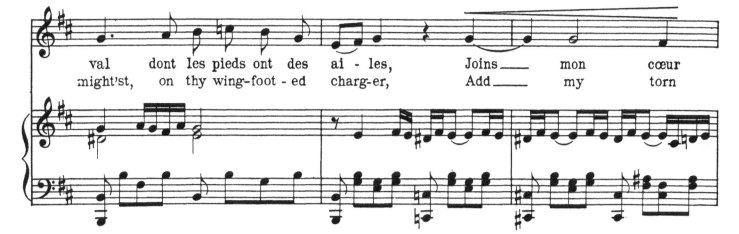

val dont les pieds ont des ai - les, Joins____ mon cœur
might'st, on thy wing-foot - ed charg-er, Add____ my torn

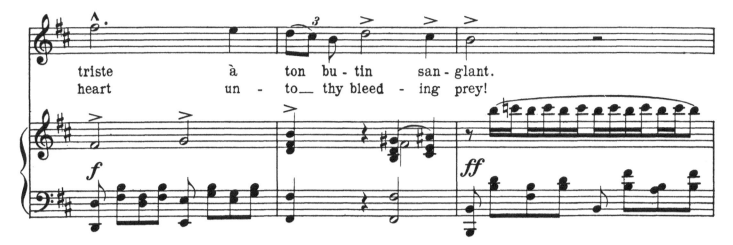

triste à ton bu - tin san - glant.
heart un - to__ thy bleed - ing prey!

Le Lever de la Lune

(Poetry imitated from Ossian)

Moonrise

English version by
Henry G. Chapman

C. Saint- Saëns

Ain - si 'qu'u - ne jeu - ne beau - té, Si - len - ci -
As one who is love - ly and young Her lone - ly

euse et so - li - tai - re, Des flancs du nu - age ar - gen -
steps in si - lence ur - ges, So forth from the sil - ver - y

té La lu - ne sort a - vec mys - tè - re.
clouds The moon in mys - te - ry e - mer - ges.

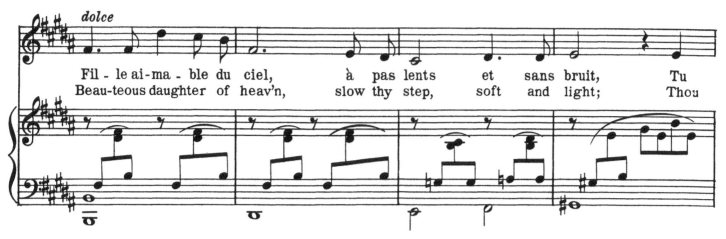

Fil - le ai-ma - ble du ciel, à pas lents et sans bruit, Tu
Beau-teous daughter of heav'n, slow thy step, soft and light; Thou

glis - ses dans les airs _____ où bril - le ta cou-ron - ne;
glid - est thro' thine airs _____ and bright thy crown doth spark - le;

Et ton pas-sa - ge s'en - vi-ron - ne
While round thy state - ly pro - gress cir - cle,

Du cor-tè - ge pom-peux des so - leils de la nuit.
In proces-sion-al train, all the suns of the night.

Que fais-tu loin de nous quand l'au - be blan-chis - san - te Ef
Far - est thou far a - way when morn - ing breaks up - on thee, And

face à nos yeux, à nos yeux at-tris-tés Ton sou - ri - - re char-
takes from our sight with re - gret, from our sight Both the charm _____ of thy

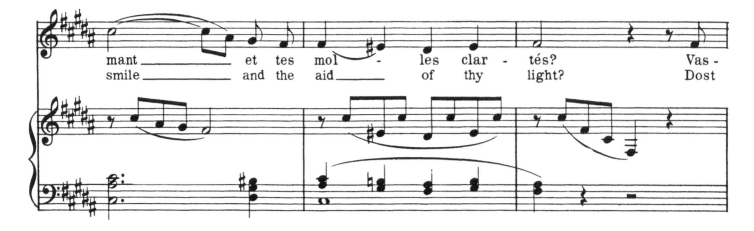

mant _____ et tes mol - les clar - tés? Vas-
smile _____ and the aid _____ of thy light? Dost

tu, _____ comme Os - si - an, plain - ti - - ve, gé - mis-
thou, _____ like Os-sian here; with moan - - ings and in

dolciss.

san - - te, Dans l'a - si - - le de la dou - leur___ En-se - ve-
an - - guish, Seek in sor - - row to find re - lief,___ And hide thy

lir ta beau - té lan-guis-san - te? Fil - le ai - ma - ble du
face, let thy beau - ty lan - guish? Love - ly daugh-ter of

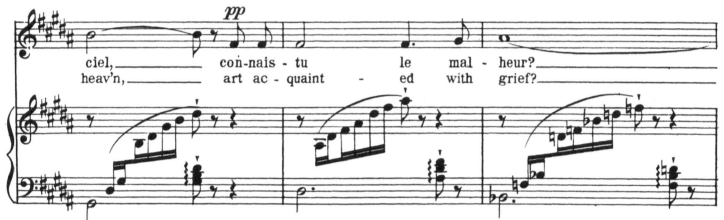

pp

ciel,___ con-nais - tu le mal - heur?___
heav'n,___ art ac - quaint - ed with grief?___

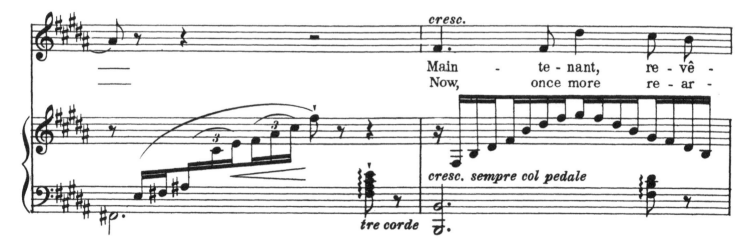

cresc.

Main - te - nant, re - vê -
Now, once more re - ar -

cresc. sempre col pedale

tre corde

tu _____ de ____ tou - te sa lu -
rayed _____ in ____ all its wont - ed

miè - - re, Ton char _____ vo - lup - tu - a -
glo - - ry, Thy car _____ a - bove the

eux _____ rou - le au - des - sus des
hills _____ rolls ___ on in splen - dor

monts; Pro - lon - ge, s'il se
dight; De - lay, an if thou

La Cloche

(Victor Hugo)

The Bell

English version by
Henry G. Chapman

C. Saint-Saëns

Seu - le en ta som - bre tour __ aux faî - tes den - te -
Lone __ in thy som - bre tow'r, __ Where rug - ged tur - rets

lés, D'où ton souf - fle des - cend sur les toits é - bran - lés, Ô
frown, Whence thy rum - ble de - scends on the roofs of the town, O

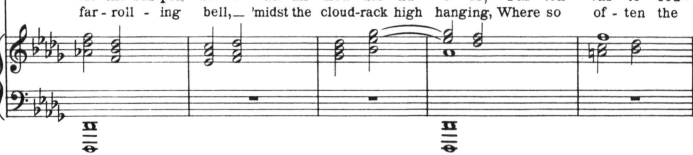

clo - che sus - pen - du - e au mi - lieu des nu - é - es, Par ton vas - te rou -
far - roll - ing bell, __ 'midst the cloud-rack high hanging, Where so of - ten the

lis si sou - vent re - mu - é - es, Tu dors en ce mo - ment dans l'om-
si - lence is jarred by thy clang-ing, Thou slum-b'rest now, and naught dis - turbs

- bre, et rien ne luit Sous ta voû - te pro - fonde où som-meil - le le bruit!
___ the shad-ows deep 'Neath thy cav - ern - ous throat where thy thun-der's a - sleep.

meno p

Oh! ___ tan - dis qu'un es - prit qui
Ah! ___ and here there's a soul that

jus - qu'à toi s'é - lan - ce, Si - len - ci - eux aus - si, con thy
for thy voice is wait - ing, Si - lent as thou is he, thy

tem - ple ton si - len - ce, Sens-tu, par cet ins-tinct
si - lence con - tem - plat - ing; Let some thing un - to thee

vague et plein de dou - ceur   Qui ré - vè - le tou - jours u - ne
vague - ly, sweet-ly ap - peal,   Let a sis - ter in soul to her

sœur à la sœur,_____ Qu'à cette heu - re ou s'en-dort_____ la soi-
sis - ter re - veal_____ That as eve - ning de - scends_____ at this

ré - e ex - pi - ran - te, U - ne â - - me est près de
sleep - breath - ing hour,_____ A soul_____ is near thee

toi,   non   moins que toi   vi - bran - - te,
here,   full   as thy-self   of pow - - er,

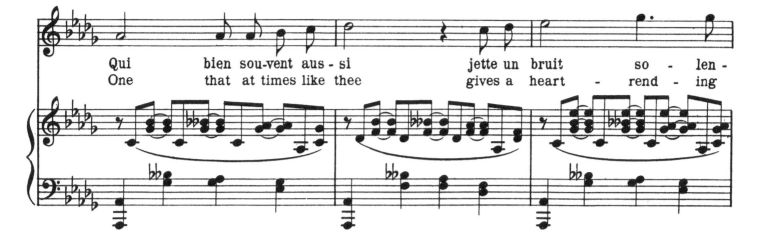

Qui   bien sou-vent aus - si   jette un bruit   so - len -
One   that at times like thee   gives a heart - rend - ing

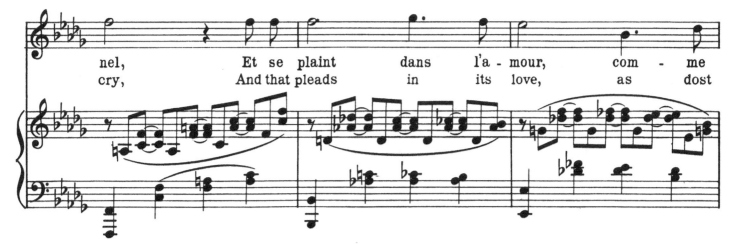

nel,   Et se plaint   dans   l'a - mour,   com - me
cry,   And that pleads   in   its love,   as dost

toi ___ dans le   ciel! _____
thou ___ in the   sky, _____

Et se plaint____ dans l'a - mour, com - me
And that pleads____ in its love, as dost

toi dans le ciel!
thou in the sky,

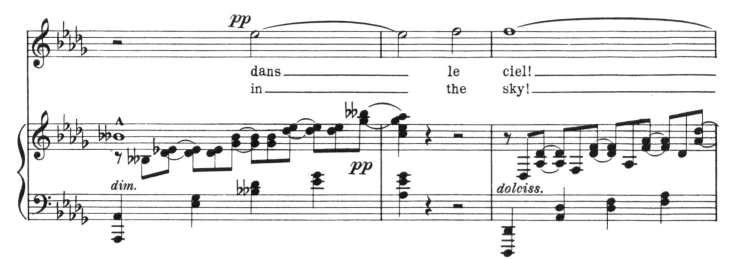

dans_____ le ciel!_____
in_____ the sky!_____

Le fidèle Cœur

(Mme Blanchecotte)

The Faithful Heart

English version by
Henry G. Chapman

Paul Vidal

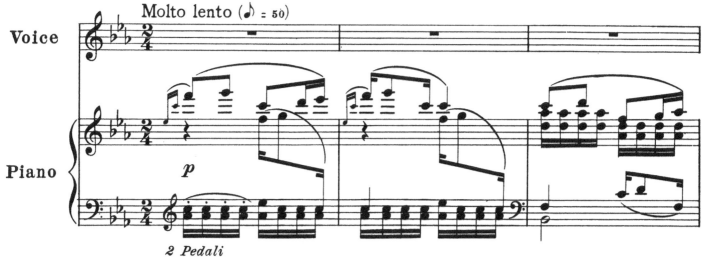

Je se - rai ta dou - ceur pro - fon - de,
I would be to thy heart its sweet - ness,

Ta der - niè - re joie en ce mon - de,
I would be thy joy in com - plete - ness,

Et jus - qu'au jour
And to e - ter -

_d'é-ter-ni-té, Ta paix_____ et ta sé-ré-ni-té._____
-ni-ty I'd be Thy peace_____ and thy se-ren-i-ty._____

Oui, je se-rai, dans mon si-len-ce, Ton_____ a-pai-se-
Yes, from my si-lence will flow o'er thee Com-fort blest in

ment de souffran-ce, Le su-prê-me ray-on d'espoir Qui
grief to re-store thee, While of hope shall the bless-ed light The

chas-se le nu-a-ge noir._____
dark-ness quell of deep-est night._____

Et s'il est u - ne sain - te cho - se
If there be one____ ho - ly bless - ing

Dont le ciel à ja - mais dis - po - - se,
Heav'n can of - fer for thy pos - sess - - ing,

Un cœur vrai,
'Tis a heart

d'in - fle - xible honneur,
true to hon - or's part;

Je se - rai ce fi - dè - le cœur.
I will be that____ faith - ful heart.

«Je ne veux pas autre chose»

(V. Hugo)

"Nothing I ask thee to give me"

English version by
Henry G. Chapman

Ch. M. Widor

Je ne veux pas au-tre cho-se Que ton sou-rire et ta voix,
No-thing I ask thee to give me But a smile and a word,

De l'air, de l'om-bre, des ro-ses · Et des ray-ons dans les bois.
As flow'rs and shade of the for-est, Or the song of a bird.

Je ne veux, moi qui me voi-le Dans la joie ou
No-thing I ask, I who hide me In my joy or

meil - le... Je — n'y cher-che que l'a - mour. Ange aux yeux pleins d'é - tin -
slum - ber, There I seek — but for love. An - gel whose eyes would be

cel - les, Femme — aux jours de pleurs noy - és,
hap - py, Wo - man who sor - - row must meet,

a tempo, ma poco più lento

Prends mon â - me sur tes ai - les, Lais - se mon cœur
Lift up my soul to thy spir - it, Leav - ing my heart

à tes pieds!
at thy feet.

Ariette
(Paul Collin)
"Were I sunshine, I should come"

English version by Henry G. Chapman

Paul Vidal

Allegro, ma non troppo (♩ = 92)

Piano

Si j'é - tais ray - on, j'i - rais, jeu-ne fil - le,
Were I sun - shine, I should come, pret-ty maid - en,

Si j'é - tais ray - on splen - dide et joy-eux,
Were I sun - shine flash - ing bright from the skies,

Ver - ser tout l'é - clat de mon feu___ qui bril - le
I should pour the light of my fire,___ sweet maid - en,

Dans tes jo - lis yeux.
In thy pret - ty eyes.

Si j'é - tais zé - phir, j'i -
Were I Ze - phy - rus, I'd

rais dans les tres - ses, Dans les tres - ses d'or___ de tes che - veux doux,
blow thro' thy tress - es, Thro' the tress - es soft___ of thy gold - en hair,

Je leur don - ne - rais___ de fol - les ca - res - ses, Mal - gré les ja - loux!
I should play in them___ with wan - ton ca - ress - es, Nor for ri - vals care!

Si j'é - tais par - fum, mal - gré toi, fa - rou - che,
Were I per - fume sweet, and thy smile ma - li - cious,

Nuit d'Étoiles

(Th. de Banville)

Starry Night

English version by
Henry G. Chapman

Ch. M. Widor

Andantino

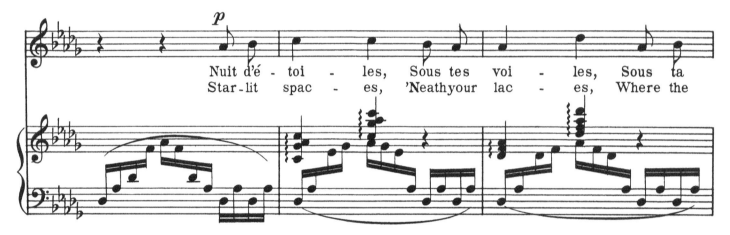

Nuit d'é - toi - les, Sous tes voi - les, Sous ta
Star-lit spac - es, 'Neath your lac - es, Where the

bri - se et tes par - fums,   Tris - te ly - re,
per - fumed night-winds sigh,   As thro' sway - ing

toi - les, Sous tes voi - les, Sous ta bri - se et tes par -
spac - es 'Neath your lac - es, Where the per - fumed night-winds

fums, Tris - te ly - re, Qui sou - pi - re,
sigh, As thro' sway - ing Harp-strings stray - ing,

Je rê - ve aux a - mours dé - funts.
Here I dream of loves gone by.

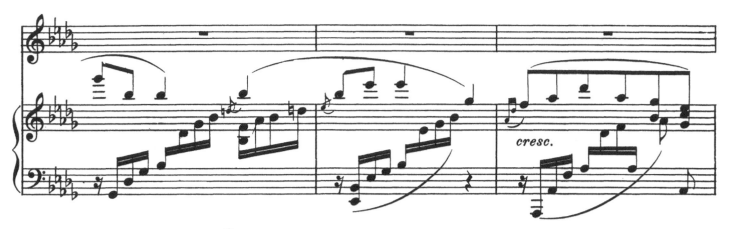

Dans les om - bres de la feuil - lé - e, Quand tout
Thro' the dark ___ and leaf - y shad - ows, When I

bas je sou - pi - re seul, Tu re - viens, pau - vre â - me é - veil-
sigh, tho' scarce a - loud, Thou re - turn - est, poor sleep - less

lé - e, Tou - te blan - che dans ton lin - ceuil. Nuit d'é-
spir - it, Pale and wan ___ and in thy shroud. Star-lit

toi - les, Sous tes voi - les, Sous ta. bri - se et tes par -
spac - es, 'Neath your lac - es, Where the per - fumed night-winds

fums, Tris - te ly - re, Qui sou - pi - re,
sigh, As thro' sway - ing Harp-strings stray - ing,

Je rê - ve aux a - mours dé - funts.
Here I dream of loves gone by.